世界一美しい
透明スイーツレシピ

tomei / 透明愛好家

KADOKAWA

はじめに

こんにちは。tomei です。好きな色は「透明」です。
透明愛好家として、透明に縁のあるものを作り、
集めて、発信しています。

幼いころからグラスやビー玉など透き通ったものを集めていました。
意識したきっかけは、趣味で始めた写真。
ファインダー越しに自分と向き合おうと始めたカメラをきっかけに、
「好き」を突き詰めていったら、「透明」にたどり着きました。

「透明」なスイーツを作り始めたのは、
何より好きな「透明」と、身近なお菓子を組み合わせてみたら……
と、思いついたことが始まり。
お菓子作りを始めてみたい方にもわかりやすく、
作れるレシピになるように試行錯誤を重ねました。
ゼリーだけでなく、ドリンクやゼリーポンチ、琥珀糖も、
透明スイーツの仲間として載せてみました。

お菓子を作る楽しみ方もあれば、写真も見て楽しめるような
みなさんにとって心に残る1冊になったらうれしいです。

CONTENTS ［目次］

はじめに ……… 3

CHAPTER 1 ゼリーケーキ │ Jelly Cake

ゼリーケーキを作る前に
  道具 ……… 8
  容器 ……… 9
  素材 ……… 10

ゼリー液の基本的な作り方 ……… 12

イチゴのミルクゼリーケーキ ……… 14
サクランボのリースゼリーケーキ ……… 18
桜の水信玄餅 ……… 22
リンゴの薔薇のブーケゼリーケーキ ……… 24
四角いレモンの白ワインゼリー ……… 28
四角い桃の薔薇レアチーズケーキ ……… 32
板フルーツ寒天 ……… 36
透明なレモンタルト ……… 38

透き通る青のゼリーケーキ ……… 42
夜空の水信玄餅 ……… 46
エディブルフラワーのリースゼリーケーキ ……… 50
皮ごと2層のオレンジゼリー ……… 54
ライムの皮でスイカ風ゼリー ……… 58
缶詰丸ごとパイナップル寒天 ……… 60

CHAPTER 2　ソーダドリンク | Soda Drink

ソーダドリンクを作る前に
　　道具 ……… 64
　　素材 ……… 65

空色のクリームソーダ ……… 66
イチゴのソーダ ……… 70
マーマレードとレモンのソーダ ……… 72
ライムとミントの爽やかソーダ ……… 74
花咲くアメジストのソーダ ……… 76
ベアグミの梅酒漬けソーダ ……… 80
にくきゅうグミのシロップ漬けソーダ ……… 81

CHAPTER 3　ゼリーポンチ | Jelly Punch

ゼリーポンチを作る前に
　　道具、素材 ……… 84

ゼリーポンチの基本的な作り方 ……… 85

透き通る青のキューブゼリーポンチ ……… 86
水玉ゼリーポンチ ……… 90
透き通る赤のキューブゼリーポンチ ……… 94
夕焼けゼリーポンチ ……… 96
九龍球のゼリーポンチ ……… 98

CHAPTER 4 琥珀糖 | Kohakuto

琥珀糖を作る前に
　道具 ……… 102
　素材 ……… 103

水晶のような琥珀糖 ……… 104

琥珀糖のアレンジ
　ルビーの琥珀糖 ……… 106
　アクアマリンの琥珀糖 ……… 106
　エメラルドの琥珀糖 ……… 107
　アメジストの琥珀糖 ……… 107

Column

器の合わせ方 ……… 62
漬けグミの楽しみ方 ……… 82
レシピができるまで ……… 100
写真の撮り方 ……… 108

おわりに ……… 110

この本の使い方

●「洗う」「皮をむく」「へたを取る」などの基本的な下ごしらえは省略している場合があります。
●さまざまなグラスや型で作ることができるので、材料の比率さえ変えなければ、増減させても大丈夫です。
●グラスのサイズによって分量が変わってくるため、本書では多めの分量を表記しています。
●冷蔵庫でゼリーを冷やし固める時間は、季節や冷蔵庫の開閉頻度・大きさによって変わるため、固まり具合を見て判断してください。
●電子レンジは600Wを使用しています。ワット数に応じて加熱時間を調整してください。
●大さじ＝15ml(15cc)、小さじ＝5ml(5cc)です。

撮影／tomei
撮影協力／安居院 香菜・近野凌平
デザイン／大橋マホ(GOOD FLOW)
校閲／アドリブ
編集／須藤 純
編集協力／岡田知子(BLOOM)

CHAPTER

1

Jelly Cake

ゼリーケーキ

ゼリーケーキは色も形もさまざま。
透明感が引き立つような素材選びから
工程のひとつひとつに工夫が込められています。
お祝いやパーティーなどで華やかさを演出してくれるような
存在感のあるスイーツです。

ゼリーケーキを作る前に

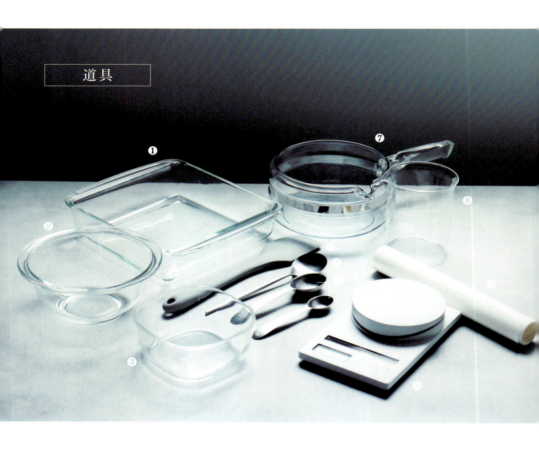

道具

❶ ガラスバット
ゼリー液を流し込む時などに使います。22cm角のものを使用。

❷ 耐熱ボウル
においが付きにくく、冷えやすいガラス製がおすすめ。

❸ 耐熱容器
ゼリー液を流し込んだり、着色したりする時に使います。

❹ へら
ゼリー液を混ぜる時に。小回りの利くシリコンゴム製が便利。

❺ スプーン
素材を混ぜる時に使用。食事用のものでもOKです。

❻ 計量スプーン
大さじ(15ml)と小さじ(5ml)の2種類を用意します。

❼ 小鍋
ゼリー液や寒天液などを加熱する時に使います。

❽ 計量カップ
水や牛乳を量る時の必需品。500ml程度のものが使いやすいです。

❾ クッキングシート
ゼリーや寒天が付かないように容器に敷きます。

❿ 計量器
目盛式でなく、1g単位で量れるデジタル式のものが便利です。

基本となる道具や素材。製菓材料の専門店のほか、
スーパーや100円ショップで購入できるものもあります。

容器

❶ 寒天型（14.5cm×11cm）

ステンレス製で6等分できるもの。
仕切り板は外しても使えます。

❷ 球体シリコン製氷器（直径4.5cm）

大きな丸いゼリーや寒天を作れます。
水信玄餅を作る時に。

❸ ケーキ型（12cm 共底）

液がもれないように共底型
（型の底が外れない一体型）を使います。

❹ 丸型製氷器

小さな丸いゼリーや寒天を作れます。
しっかりふたをすると、きれいな仕上がりに。

❺ パウンド型（18cm）

ゼリーや寒天を外しやすい
フッ素加工のものがおすすめ。

❻ エンゼル型（15cm）

中央に穴が空いたリング状。
ケーキのようなゼリーができます。

- 9 -

素材

❶ 板ゼラチン

原材料は牛や豚の骨や皮に含まれるコラーゲンで、口溶けがよく、プルンとした食感。1〜2分水に浸してふやかしてから、温めたゼリー液に加えます。生のパイナップルやキウイと合わせると固まりにくくなります。

❷ 粉ゼラチン

原材料や食感は板ゼラチンと同じ。サラサラとした粉状なので、水でふやかしたり、熱湯で液状にしたりして使用します。板ゼラチンともに固まる温度は20℃以下。常温では固まらないので、冷蔵庫で冷やし固めます。

❸ 粉末寒天

原材料はテングサやオゴノリなどの海藻。ゼラチンやアガーに比べて凝固力が高く、ほろっと歯切れのよい食感です。ふやかす必要がないので簡単。常温で固まり、完成品はやや白く濁った色になります。

❹ 糸寒天

原材料は粉末寒天と同じ。水に浸してふやかしてから使います。粉末寒天に比べて完成品の透明度が高く、繊細な口当たりが特徴。粉末寒天と同様、生のキウイやパイナップルと合わせることもできます。

❺ アガー

原材料はカラギーナン（海藻の抽出物）など。ふるふると柔らかく、なめらかな食感で、透明度や光沢は凝固剤の中でも一番。ゼラチンや寒天よりすっきりした味なので、素材の味を引き立てるレシピに使います。

❻ 砂糖

上白糖とも呼ばれ、日本の家庭では一般的な甘味料。コクのある強い甘味を持ちますが、透明度はグラニュー糖より落ちるので、牛乳などを使った色の付いたゼリー液に甘味を加える時に使います。

❼ グラニュー糖

砂糖（上白糖）より純度が高く、さらりとクセのない甘味が特徴。粒の大きさは砂糖より粗めです。砂糖に比べ、できあがりの透明度が高くなるので、基本的にゼリー本体の液に甘味を加える時に使用します。

ゼリー液の基本的な作り方

ゼリー液に使う凝固剤は、粉ゼラチン、板ゼラチン、粉末寒天、糸寒天、アガーの5種類。
それぞれ調理法が少しずつ異なります。

｛ 粉ゼラチンの場合 ｝

全体に湿るくらいの水でふやかす。または、レシピに従ってお湯で溶かして液状にしておく。

小鍋で水とグラニュー糖を混ぜ、沸騰直前まで加熱。火を止め、粉ゼラチンを加えて混ぜながらよく溶かす。

小鍋を氷水につけて粗熱をとる。

粉ゼラチンは50〜60℃で溶けるので、沸騰させすぎないように注意しましょう。加熱しながら混ぜる時は透明感が出るまでよく混ぜます。

- 透き通る青のゼリーケーキ…P42
- 皮ごと2層のオレンジゼリー…P54
ほか

｛ 板ゼラチンの場合 ｝

たっぷりの水に浸して1〜2分ふやかす。軽く搾って水気を切る。

小鍋で水とグラニュー糖を混ぜ、沸騰直前まで加熱する。

火を止めて板ゼラチンを入れ、混ぜながらよく溶かす。小鍋を氷水につけて粗熱をとる。

グラニュー糖を加えたお湯が熱いままだと固まりにくくなってしまうので、板ゼラチンは必ず火を止めてから加えるのがポイントです。

- イチゴのミルクゼリーケーキ…P14
- サクランボのリースゼリーケーキ…P18
ほか

{ 粉末寒天の場合 }

小鍋に水、グラニュー糖、粉末寒天を入れて加熱し、混ぜながらよく溶かす。

粗熱をとる。

寒天は40〜50℃で固まり、粗熱をとりすぎると、すぐに固まり始めてしまうので注意。粉・板ゼラチンの場合と違い、氷水で冷やさなくても大丈夫です。

- 板フルーツ寒天…P36
- 水玉ゼリーポンチ…P90 ほか

{ 糸寒天の場合 }

たっぷりの水に1時間ほど浸しておく。

小鍋に水、糸寒天を入れて加熱。グラニュー糖を加え、とろみが出るまで混ぜながら煮詰め、粗熱をとる。

糸寒天は溶けにくいので、よく混ぜながら焦がさないようにゆっくり溶かします。粉末寒天と同じく、粗熱をとる時に氷水につけなくても大丈夫です。

- 水晶のような琥珀糖…P104 ほか

{ アガーの場合 }

ボウルにアガーとグラニュー糖を入れ、スプーンや泡立て器でよく混ぜる。

水を入れた小鍋に加えて加熱し、混ぜながらよく溶かす。小鍋を氷水につけて粗熱をとる。

アガーをそのまま水に入れるとダマになりやすいので、先にグラニュー糖と混ぜます。水をかき混ぜながら少しずつアガーを入れるのも、ダマ防止のコツ。

- 桜の水信玄餅…P22
- 四角いレモンの白ワインゼリー…P28 ほか

イチゴのミルクゼリーケーキ

大人も子供も大好きな味。
イチゴ＋ミルクの馴染みのある組み合わせを透明なゼリーに込めました。

RECIPE
ケーキ型(12cm) 1台分

材料

イチゴ…約8粒
　→ヘタを取り、半分に切る

［ゼリー液］
A ［ 水…200ml
　　グラニュー糖…30g
板ゼラチン…5g
　→水でふやかしておく(P12参照)

［ミルクゼリー液］
B ［ 牛乳…250ml
　　グラニュー糖…30g
粉ゼラチン…7g

レシピの主な流れ

イチゴを型に敷き詰める(①)。
▼
ゼリー液を作り、冷やし固める(②)。
▼
ミルクゼリー液を作る(③④)。
▼
ミルクゼリー液をゼリーの上に流し込み、冷やし固める(⑤)。
※盛り付けの際は、ミルクゼリー部分を下にします。

作り方

[POINT]
イチゴは隙間なく埋めていくと仕上がりがきれいになります。

① イチゴを断面が上になるように型に敷き詰める。

② [ゼリー液]を作る。小鍋にAを入れて沸騰直前まで加熱したら、火を止めて板ゼラチンを加えて溶かす。溶けたら小鍋を氷水につけて粗熱をとる。型に流し込み、冷蔵庫で冷やし固める。

③ [ミルクゼリー液]を作る。小鍋にBを入れて加熱する。

④ 少量の③で粉ゼラチンを溶かしながら鍋に加え、混ぜながらよく溶かす。溶けたら小鍋を氷水につけて粗熱をとる。

[POINT]
ミルクゼリー液が熱いままだと、一層目のゼリーが溶けて混ざって濁りやすくなるので、よく粗熱をとります。

⑤ ④を②の上に全て流し込み、冷蔵庫で冷やし固める。

CHAPTER 1　Jelly Cake

- 17 -

サクランボの
リースゼリーケーキ

初夏のサクランボをゼリーに閉じ込めて、
真っ赤なリース風に。サクランボは小粒で
大きさが均一なものを選ぶと美しく仕上がります。

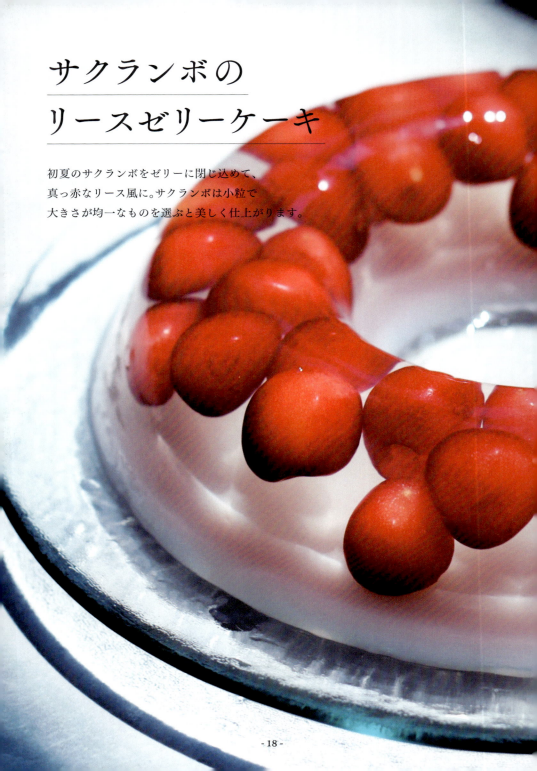

CHAPTER 1 | Jelly Cake

RECIPE
エンゼル型(15cm) 1台分

材料

サクランボ…100g
　→柄と種を取っておく

［サイダーゼリー液］
　A ［ サイダー…300ml
　　　グラニュー糖…10g
板ゼラチン…7g
　→水でふやかしておく（P12参照）

［カルピスゼリー液］
　B ［ カルピスウォーター…100ml
　　　砂糖…10g
板ゼラチン…3g
　→水でふやかしておく

レシピの主な流れ

サイダーゼリー液を作る（①）。
▼
少量のサイダーゼリー液を型に流し込み、
冷やし固める（②）。
▼
サクランボを入れ、
残りのサイダーゼリー液を流し込み、
冷やし固める（③）。
▼
カルピスゼリー液を作る（④）。
▼
カルピスゼリー液をサイダーゼリーの上に流し込み、
冷やし固める（⑤）。
※盛り付けの際は、カルピスゼリー部分を下にします。

- 20 -

> 作り方

CHAPTER 1 　Jelly Cake

① ［サイダーゼリー液］を作る。小鍋にAを入れて沸騰直前まで加熱したら、火を止めて板ゼラチンを加え、混ぜながらよく溶かす。溶けたら小鍋を氷水につけて粗熱をとる。

④ ［カルピスゼリー液］を作る。小鍋にBを入れて沸騰直前まで加熱したら、火を止めて板ゼラチンを加え、混ぜながらよく溶かす。溶けたら小鍋を氷水につけて粗熱をとる。

② 高さ約1cmになる程度に型に流し込み、冷蔵庫で冷やし固める。

⑤ ④を③の上に全て流し込み、冷蔵庫で冷やし固める。

③ 表面が固まってきたら、サクランボを入れ、残りのサイダーゼリー液を流し込み、冷蔵庫で冷やし固める。

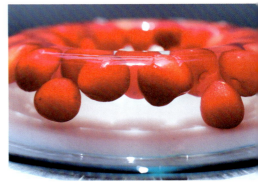

桜の水信玄餅

春を連想させる水信玄餅。
お好みに合わせて、黒蜜やはちみつ、
みぞれシロップをかけて食べるのもおすすめ。

RECIPE

球体シリコン製氷器(直径4.5cm)1台分(4個)

材料

桜の塩漬け…4個
　→水(分量外)に一晩浸して塩抜きをする
みぞれシロップ(市販)…100ml

［ゼリー液］
A ┌ グラニュー糖…10g
　└ アガー…8g
水…250ml

レシピの主な流れ

桜の塩漬けをみぞれシロップに漬ける(①)。
▼
ゼリー液を作る(②)。
▼
製氷器に桜の塩漬けを入れる(③)。
▼
ゼリー液を製氷器に流し込み、冷やし固める(④)。

作り方

【POINT】
桜の塩漬けは開かないものもあるので、多めにシロップに漬けておきましょう。

① 塩抜きした桜の塩漬けはみぞれシロップに1時間以上漬けておく。

③ 製氷器に桜の塩漬けを1個ずつ入れる。

【POINT】
アガーを使うと、ゼラチンより透明感が出てみずみずしい食感に。

② ［ゼリー液］を作る。ボウルにAを入れ、よく混ぜる。水を入れた小鍋に混ぜたAを加えて加熱し、混ぜながらよく溶かし、小鍋を氷水につけて粗熱をとる。

④ 型に②を流し込み、冷蔵庫で冷やし固める。

CHAPTER 1 | Jelly Cake

リンゴの薔薇の
ブーケゼリーケーキ

リンゴを並べてくるくる巻くだけ。
お花のようなゼリーケーキです。
母の日やお誕生日などのお祝いに、食べられる花束を。

RECIPE
ケーキ型(12cm)1台分

材料

[リンゴゼリー液]

A ┌ リンゴ…2個
  │   →皮ごと切って厚さ1〜2mmの
  │   くし形にスライスしておく
  │ 水…400ml
  │ 砂糖…60g
  └ レモン汁…小さじ1

板ゼラチン…10g
　→水でふやかしておく(P12参照)

[カルピスゼリー液]

B ┌ カルピスウォーター…200ml
  └ 砂糖…20g

粉ゼラチン…5g
　→水でふやかしておく(P12参照)

レシピの主な流れ

リンゴゼリー液を作る(①)。
▼
リンゴゼリー液を型に流し込み、
冷やし固める(②)。
▼
リンゴでバラの形を作る(③)。
▼
バラ形のリンゴを型に入れ、
残りのリンゴゼリー液を入れ、冷やし固める(④)。
▼
カルピスゼリー液を作る(⑤)。
▼
カルピスゼリー液をリンゴゼリーの上に流し込み、
冷やし固める(⑥)。

※盛り付けの際は、カルピスゼリー部分を下にします。

作り方

CHAPTER 1　Jelly Cake

①
［リンゴゼリー液］を作る。ボウルにAを入れ、ラップをして電子レンジ（600W）で5〜6分加熱する。リンゴを取り出して水気を切る。

【POINT】
リンゴのバラを崩さないように、バラの間に注ぐようにします。

④
③を型に逆さに敷き詰め、残りのリンゴゼリー液を入れる。冷蔵庫で冷やし固める。

②
ボウルに残った液を小鍋で加熱し、火を止めて板ゼラチンを加え、混ぜながらよく溶かす。溶けたら小鍋を氷水につけて粗熱をとる。高さ約5mmになる程度に型に流し込み、冷蔵庫で冷やし固める。

⑤
［カルピスゼリー液］を作る。小鍋でBを混ぜ、沸騰直前まで加熱する。火を止めて粉ゼラチンを加え、混ぜながらよく溶かす。溶けたら小鍋を氷水につけて粗熱をとる。

【POINT】
重ねた後、皮ではない方をそろえて切ると、よりきれいなバラ形になります。

③
取り出したリンゴ5枚を縦に重ね、くるくる巻きながらバラの形を作る。型に合わせ、7〜8つほど作る。

【POINT】
35度程度のぬるめにしておくと、一層目の表面がちょうどよく溶けて、2つの層が付きやすくなります。

⑥
⑤を④の上に全て流し込み、冷蔵庫で冷やし固める。

四角いレモンの白ワインゼリー

レモンを閉じ込めて、爽やかな初夏を表現しました。
白ワインと柑橘類のレモンは相性抜群。大人の味わいを楽しめるゼリーです。

RECIPE
パウンド型(18cm)1台分

材料

[白ワインゼリー液]
A ┌ グラニュー糖…60g
　└ アガー…13g
白ワイン…100ml
水…200ml

スライスレモン(レモンは国産)…3枚
みぞれシロップ(P65参照)…200ml
　→レモンをみぞれシロップに一晩漬けておく

レシピの主な流れ

白ワインゼリー液を作る(①②)。
▼
白ワインゼリー液を型に流し込む(③)。
▼
スライスレモンを並べ、冷やし固める(④)。

> 作り方

① [白ワインゼリー液]を作る。ボウルにAを入れてよく混ぜる。

③ ②を型に流し込む。

② 小鍋に白ワイン、水、①を入れて加熱し、混ぜながらよく溶かす。溶けたら小鍋を氷水につけて粗熱をとる。

[POINT]
スライスレモンは型にきちんと納まるか、作り始める前に確認しておいてくださいね。

④ シロップに漬けたスライスレモンを並べ、冷蔵庫で冷やし固める。

CHAPTER 1 | Jelly Cake

- 31 -

四角い桃の
薔薇レアチーズケーキ

キューブの中にピンクのバラが咲くような、
四角いレアチーズケーキです。
白桃の甘味とチーズの酸味がよく合います。

RECIPE
寒天型(14.5cm×11cm)1台分

材料

白桃の缶詰…1缶
　→桃は厚さ2〜3mmにスライスし、
　　シロップはとっておく
食用色素(赤)…適量

クッキー…6枚
　→型に敷き詰めておく

[レアチーズ液]
生クリーム…100ml
粉ゼラチン…4g
A ┃ 水切りヨーグルト…100g
　┃　→キッチンペーパーを敷いたザルに400gの
　┃　　プレーンヨーグルトを入れて約15分おく
　┃ レモン汁…小さじ2
　┃ クリームチーズ…100g
　┃　→常温に戻しておく
　┃ グラニュー糖…30g

[桃ゼリー液]
白桃の缶詰のシロップ…250ml
板ゼラチン…7g
　→水でふやかしておく(P12参照)

レシピの主な流れ

白桃の缶詰の下準備をする(①)。
▼
レアチーズ液を作る(②③)。
▼
レアチーズ液を型に流し込み、冷やし固める(④)。
▼
桃の果肉でバラの形を作り、
レアチーズの上に並べる(⑤)。
▼
桃ゼリー液を作り、レアチーズと桃の上に流し込み、
冷やし固める(⑥)。

作り方

① 白桃の缶詰のシロップは食用色素で色を付ける。色付けしたシロップに、スライスした白桃の果肉を入れて一晩漬けておく。

④ クッキーを敷き詰めた型に③を流し込み、冷蔵庫で冷やし固める。

② ［レアチーズ液］を作る。生クリームの半量を耐熱ボウルに入れ、電子レンジで沸騰直前まで加熱する。粉ゼラチンを少しずつ加え、溶けるまでよく混ぜる。

［POINT］
桃の果肉は柔らかいので、立てるようにしながら巻くとやりやすいです。

⑤ ①の白桃の果肉を3〜5枚重ねて巻いてバラの形にし、④の上に並べる。

［POINT］
シロップの濁りが気になる場合は、シロップの半量程度の水で割ると透明感がアップします。

③ 別のボウルにAと残りの生クリームを入れ、②を加えて均一になじむまで混ぜる。

⑥ ［桃ゼリー液］を作る。小鍋に①のシロップを茶こしでこしながら入れ、沸騰直前まで加熱したら、板ゼラチンを加え、混ぜて溶かす。溶けたら小鍋を氷水につけて粗熱をとる。⑤の上に流し込み、冷蔵庫で冷やし固める。

板フルーツ寒天

爽やかな色彩を組み合わせた
カラフル&ポップな寒天ゼリー。
フルーツの切り方も並べ方も自由に楽しんで。

CHAPTER 1 | Jelly Cake

RECIPE

パウンド型(18cm)1台分

材料

キウイ…2枚
　→皮をむき、厚さ約1cmにスライスしておく
ミカン(缶詰)…適量
パイナップル(缶詰)…1枚

[寒天ゼリー液]
A ┌ 水…100ml
　│ グラニュー糖…20g
　└ 粉末寒天…3g

レシピの主な流れ

フルーツを型に敷き詰める(①)。
▼
寒天ゼリー液を作る(②)。
▼
寒天ゼリー液を型に流し込み、冷やし固める(③)。

作り方

【POINT】
キウイはパイナップルと同じくらいの厚さでスライスします。

① 型にキウイ、ミカン、パイナップルを敷き詰める。

② [寒天ゼリー液]を作る。小鍋にAを入れ、混ぜながらよく溶かす。粗熱をとる。

【POINT】
寒天液の温度が高すぎるとキウイの色素が抜けてきれいに仕上がらないので、注意。

③ ②を①に流し込み、冷蔵庫で冷やし固める。

透明なレモンタルト

身近に親しまれているタルト菓子を
ひと味違う角度で透明にアレンジ。
ホイップクリームがふんわり浮かぶ雲のよう。

RECIPE
クッキートルテ(タルト台)5号 1台分

材料

クッキートルテ5号(市販)…1台

[ゼリー液]
A ┌ グラニュー糖…30g
　└ アガー…15g
水…300ml
バニラシロップ…大さじ3
レモン汁…大さじ2

ホイップクリーム…適量

レシピの主な流れ

ゼリー液を作る(①②)。
▼
ゼリー液をクッキートルテに流し込み、冷やし固める(③)。
▼
ホイップクリームで飾る(④)。

- 40 -

作り方

【POINT】
アガーを使うと、柔らかい食感になってレモンの香りが引き立ちます。

① [ゼリー液]を作る。ボウルにAを入れ、よく混ぜる。

③ タルト台に②を流し込み、冷蔵庫で冷やし固める。

【POINT】
レモン汁は、レモンから搾ると、よりフレッシュな香りを楽しめます。

② 小鍋に水、バニラシロップを入れ、①を加えて加熱し、混ぜながらよく溶かす。溶けたらレモン汁を加え、小鍋を氷水につけて粗熱をとる。

④ ホイップクリームを絞って飾る。

CHAPTER 1　Jelly Cake

透き通る青のゼリーケーキ

2色の青いキューブ形寒天をアジサイに見立てたゼリーケーキです。
さっぱりとしたヨーグルト味で、味も見た目も涼やかに。

CHAPTER 1 | Jelly Cake

RECIPE
ケーキ型(12cm)1台分

材料

[寒天キューブゼリー液]
A ┌ 水…200ml
  │ グラニュー糖…300g
  └ 粉末寒天…5g
食用色素(水色)…適量
食用色素(青)…適量

[ゼリー液]
B ┌ 水…200ml
  └ グラニュー糖…30g
板ゼラチン…5g
→水でふやかしておく(P12参照)

[ヨーグルトゼリー液]
C ┌ ヨーグルト(無糖)…180g
  └ はちみつ…大さじ2
粉ゼラチン…5g
→熱湯50mlで溶かしておく(P12参照)

レシピの主な流れ

寒天キューブゼリー液を作る(①)。
▼
寒天キューブゼリー液に色を付け、冷やし固める(②)。
▼
寒天キューブゼリーをカットする(③)。
▼
ゼリー液を作る。少量を型に入れ、
冷やし固める(④⑤)。
▼
寒天キューブゼリーをゼリーの上に並べ、
残りのゼリー液を入れ、冷やし固める(⑥)。
▼
ヨーグルトゼリー液を作る(⑦)。
▼
ヨーグルトゼリー液をゼリーの上に流し込み、
冷やし固める(⑧)。
※盛り付けの際は、ヨーグルトゼリー部分を下にします。

作り方

① [寒天キューブゼリー液]を作る。小鍋にAを入れ、混ぜながら透明感が出るまで煮詰める。粗熱をとる。

【POINT】
食用色素はつま楊枝に少量付け、線を描くようにすっと動かします。全体を混ぜて、染まり具合を見ながら何回か繰り返します。

② 2つの耐熱容器に①を流し込む。食用色素で1つは水色、1つは青色に色を付け、冷蔵庫で冷やし固める。

【POINT】
お湯で温めたつま楊枝を寒天ゼリーの縁に刺し、ぐるっと1周させると容器から取り出しやすいです。流し込む際、容器にクッキングシートを敷いても。

③ 固まったら、包丁でキューブ状に切る。

CHAPTER 1 | Jelly Cake

[POINT]
粉ゼラチンを加える時、固まりやすいので手早く混ぜます。

④ ［ゼリー液］を作る。小鍋にBを入れ、沸騰直前まで加熱する。

⑦ ［ヨーグルトゼリー液］を作る。ボウルにCを入れ、粉ゼラチンを少しずつ加えてよく混ぜる。

⑤ 火を止めて板ゼラチンを加え、混ぜながらよく溶かす。溶けたら小鍋を氷水につけて粗熱をとる。少量を型に流し込み、冷蔵庫で冷やし固める。

⑧ ⑦を⑥の上に全て流し込み、冷蔵庫で冷やし固める。

⑥ ③の切った寒天キューブゼリーを⑤の上に並べ、残りのゼリー液を入れ、冷蔵庫で冷やし固める。

- 45 -

夜空の水信玄餅

透明なイメージの水信玄餅を夜空の色に。
ちりばめられた銀箔が、
まるで空に輝く星のようにきらめきます。

RECIPE / 球体シリコン製氷器(直径4.5cm)1台分(4個)

材料

[ゼリー液]
A ┌ グラニュー糖…10g
  └ アガー…8g
水…250ml
食用色素(黒)…適量
食用色素(青)…適量

銀箔…適量
シロップや黒蜜…好みで

レシピの主な流れ

ゼリー液を作る(①②)。
▼
ゼリー液に色を付け、製氷器に流し込み、冷やし固める(③)。
▼
銀箔をのせる(④)。

作り方

CHAPTER 1 ｜ Jelly Cake

① [ゼリー液]を作る。ボウルにAを入れてよく混ぜる。

【POINT】
色が濃くならないように食用色素はつま楊枝を使って少しずつ加えます。

③ 黒→青の順に食用色素で②に色を付け、製氷器に流し込み、冷蔵庫で冷やし固める。

② 小鍋に水、①を入れて加熱し、混ぜながらよく溶かす。溶けたら小鍋を氷水につけて粗熱をとる。

【POINT】
シロップや黒蜜をかける時は、銀箔が溶けたり流れてしまったりするので、銀箔をよけてかけましょう。

④ 銀箔をのせる。好みでシロップや黒蜜をかける。

エディブルフラワーの
リースゼリーケーキ

食べられる花を閉じ込めたゼリーケーキ。
シロップに漬けたエディブルフラワーはほんのり甘く、
シャキシャキした食感も楽しめます。

CHAPTER 1 | Jelly Cake

RECIPE
エンゼル型(15cm)1台分

材料

エディブルフラワー…20輪
みぞれシロップ…200ml
　→エディブルフラワーはみぞれシロップに
　　1時間以上漬けておく。

[白ワインゼリー液]
A ┌ 白ワイン…200ml
　├ 水…300ml
　└ グラニュー糖…100g
板ゼラチン…12g
　→水でふやかしておく(P12参照)

[ミルクプリン液]
B ┌ 牛乳…75ml
　└ 生クリーム…75ml
粉ゼラチン…5g

レシピの主な流れ

白ワインゼリー液を作る(①)。
▼
少量の白ワインゼリー液を型に流し込み、
エディブルフラワーを入れ、冷やし固める(②)。
▼
残りの白ワインゼリー液を流し込み、
冷やし固める(③)。
▼
ミルクプリン液を作る(④⑤)。
▼
ミルクプリン液を白ワインゼリーの上に
流し込み、冷やし固める(⑥)。
※盛り付けの際は、ミルクプリン部分を下にします。

作り方

①
[白ワインゼリー液]を作る。小鍋にAを入れて沸騰直前まで加熱したら、火を止めて板ゼラチンを加え、混ぜながらよく溶かす。溶けたら小鍋を氷水につけて粗熱をとる。

④
[ミルクプリン液]を作る。小鍋にBを入れて沸騰直前まで加熱する。

[POINT]
エディブルフラワーは動きやすいので、冷蔵庫に入れる前に位置を調整しましょう。

②
少量の①を型に流し込み、水気を取ったエディブルフラワーの花びらの付け根が上に向くように型に入れ、冷蔵庫で冷やし固める。

⑤
少量の④で粉ゼラチンを溶かしながら鍋に加え、混ぜながらよく溶かす。溶けたら小鍋を氷水につけて粗熱をとる。

③
残りの白ワインゼリー液を流し込み、冷蔵庫で冷やし固める。

[POINT]
熱いままだと一層目の白ワインゼリーが溶けてしまうので、よく粗熱をとりましょう。

⑥
⑤を③の上に全て流し込み、冷蔵庫で冷やし固める。

CHAPTER 1　Jelly Cake

- 53 -

皮ごと2層のオレンジゼリー

色も味も一緒に楽しめる、フルーツを丸ごと生かした2層仕立てのゼリー。
まるで太陽のかけらのようです。

CHAPTER 1 | Jelly Cake

RECIPE / オレンジ1個分

材料

[オレンジゼリー液]

オレンジ…1個
　→半分に切る

粉ゼラチン…5g
　→熱湯50mlで溶かしておく（P12参照）

[ブラッドオレンジゼリー液]

ブラッドオレンジジュース…70ml

粉ゼラチン…3g
　→熱湯30mlで溶かしておく

レシピの主な流れ

オレンジの果肉をくり抜く（①）。
▼
オレンジゼリー液を作る（②）。
▼
オレンジゼリー液をオレンジの皮に注ぎ、冷やし固める（③）。
▼
ブラッドオレンジゼリー液を作る（④）。
▼
ブラッドオレンジゼリー液をオレンジゼリーの上に流し込み、冷やし固める（⑤）。
▼
好みの大きさに切る（⑥）。

作り方

【POINT】
くり抜く時、皮の底に穴を開けないように注意。果汁は果汁搾り器やガーゼなどで搾ります。

① ［オレンジゼリー液］を作る。オレンジは果肉をスプーンなどでくり抜き、果汁をボウルに搾る。

④ ［ブラッドオレンジゼリー液］を作る。ボウルにブラッドオレンジジュースを入れ、液状にした粉ゼラチンを加え、混ぜながらよく溶かす。

② 果汁に液状にした粉ゼラチンを加え、混ぜながらよく溶かす。

⑤ ④を③の上に流し込み、冷蔵庫で冷やし固める。

③ ②を茶こしでこしながら、くり抜いたオレンジの皮に注ぎ、冷蔵庫で冷やし固める。

⑥ 好みの大きさにカットする。

CHAPTER 1　Jelly Cake

ライムの皮でスイカ風ゼリー

赤と緑のコントラストが印象的な、スイカに見立てた鮮やかゼリー。
イチゴの風味にライムのほろ苦い香りが広がる不思議な味わい。

RECIPE
ライム4個分

材料

ライム…4個
　→半分に切る
イチゴゼリーの素（市販）…1箱

レシピの主な流れ

ライムの果肉をくり抜く（①）。
▼
イチゴゼリー液を作る（②）。
▼
イチゴゼリー液をライムの皮に流し込み、冷やし固める（③）。
▼
好みの大きさに切る（④）。

CHAPTER 1 | Jelly Cake

作り方

【POINT】くり抜いた果肉は水に入れてデトックスウォーターにするのがおすすめ。

① ライムの果肉をくり抜く。

【POINT】イチゴゼリー液が余ったら、別の容器で冷やし固めてイチゴゼリーとして食べられます。

③ くり抜いたライムの皮に②を流し込み、冷蔵庫で冷やし固める。

② イチゴゼリーの素に記載された作り方に従って、イチゴゼリー液を作る。

④ 好みの大きさにカットする。

缶詰丸ごと
パイナップル寒天

材料は3つ。パイナップルの輪を丸ごと包み込んだ
優しいフォルムの寒天です。
家に眠っていた缶詰を使ったアイデアレシピ。

RECIPE / パイナップルの缶詰1缶分

材料

パイナップルの缶詰…1缶(果肉10枚分)
水…100ml
粉末寒天…5g

レシピの主な流れ

パイナップルの缶詰の下準備をする(①②)。
▼
寒天ゼリー液を作る(③)。
▼
寒天ゼリー液を缶に流し込み、冷やし固める(④)。

CHAPTER 1 | Jelly Cake

作り方

① パイナップルの缶詰はシロップと果肉に分ける。

③ 小鍋に缶詰のシロップ、水、粉末寒天を入れて加熱し、混ぜながらよく溶かし、少し煮詰める。

[POINT] シロップが甘すぎるようなら、水を少し多く加えてもOKです。

② 缶のふたを取り、果肉を缶に戻す。

④ 茶こしを使って③を②に流し込み、冷蔵庫で冷やし固める。

[POINT] 茶こしを使うとゼリーの透明度がアップ。見た目にこだわるなら、果肉1枚ごとに少しずつ寒天ゼリー液で固めても。

Column・器の合わせ方

" 透明感あふれるスイーツには、
透明でシンプルな器を "

　いつも手に取るのはシンプルな形。そして何より透明なこと。素材の透明感を引き立てるために、そんな器を自然と選んでしまいます。

　好きなショップやガラスメーカー、ブランドのガラス食器を使うことが多いですが、ブランドには特にこだわらず、街で偶然見つけたり、時にはテーブルウェアの展示会で探したりも。最近は樹脂製のデカンタなどもお気に入りです。透明の器以外では、白を基調にした装飾のない器がメイン。フォルムが少し個性的なものを選ぶと、印象的な演出ができるのでおすすめです。

　ドリンクは、グラデーションを楽しみたいので細長いグラスで。「空色のクリームソーダ」(P66)のように上部にボリュームがある時は、ガラスの小皿をコースターのように置くと全体のバランスが取れます。また、お皿の余白もポイント。余白がありすぎると、完成品が小さく見えてしまうので、完成品の大きさに合わせて選んでいます。

　お気に入りの器を見つけて組み合わせを考えるのも、透明スイーツ作りの楽しい時間です。

CHAPTER

2

Soda Drink

ソーダドリンク

ふだん何気なく飲んでいるサイダーや炭酸水。
フルーツやジャムを入れるだけ、混ぜるだけで、
日常を彩る、とっておきのドリンクに変化します。
混ぜ方で仕上がりが異なるグラデーションを楽しみながら、
お気に入りのグラスで世界にひとつだけの1杯を。

ソーダドリンクを作る前に

道具

❶ グラス
グラデーションがよく見えるように縦長の形のものを主に使います。

❷ 計量カップ
炭酸水やサイダーを量る時の必需品。500ml程度のものがおすすめ。

❸ スプーン
ドリンクを混ぜたりする時に使用。細いものならマドラーの代用にも。

❹ ビーカー
シロップをグラスに注ぐ時に使用。50mlほどのものを使っています。

❺ つま楊枝
着色に使用。先端に少量の食用色素を付けて好きな色をつけます。

❻ 保存容器
グミを梅酒などに漬けて1〜3日おいておく時の容器として使用。

❼ ボウル
みぞれシロップを入れ、食用色素で着色する時などに使います。

計量カップやビーカーなどの道具、氷や食用色素などが必需品。
美しい色のドリンクが映えるグラス選びも楽しんで。

CHAPTER 2 | Soda Drink

素材

❶ 氷
家庭で作る氷でもよいですが、市販のロックアイスを使用すると透明感が増しておすすめです。

❷ 炭酸水
甘味料が入っていない、甘くないものを使用します。シロップなどを使うドリンクに合わせます。

❸ サイダー
甘味のある炭酸飲料で、フルーツを使ったソーダドリンクなどに使用します。

❹ 食用色素
シロップの着色に使用。粉末だとダマになりやすいので、液状がおすすめ。アイシング用でもOK。

❺ みぞれシロップ
かき氷用の透明なシロップです。ソーダドリンクの甘味として、そのまま、または着色して使います。

CHAPTER 2 | Soda Drink

空色のクリームソーダ

青い空の上に、真っ白な雲が浮かぶ
イメージで作ったクリームソーダ。
吸い込まれそうな青色は、ずっと見つめていたくなります。

RECIPE / グラス1杯分

材料

みぞれシロップ…20ml
食用色素（青）…適量
氷…適量
炭酸水…100ml
ソフトクリーム（市販）…1個

レシピの主な流れ

みぞれシロップに色を付ける（①）。
▼
グラスに氷、みぞれシロップを入れ、炭酸水を注ぐ（②）。
▼
マドラーで混ぜて
グラデーションを作る（③）。
▼
ソフトクリームのコーン部分を
カットする（④）。
▼
アイス部分をグラスの上に
のせる（⑤）。

作り方

①
ボウルにみぞれシロップを入れ、食用色素で色を付ける。

【POINT】
寝かせてカットすると形が崩れてしまうので、手で立てて持ちながらカットします。

【POINT】
コーン部分は、余ったシロップと合わせて食べると、また違ったおいしさを楽しめます。

④
ソフトクリームのコーン部分をカットする。

【POINT】
炭酸水をゆっくり氷に伝わせるように注ぐと、シロップの色が混ざりにくくなります。

②
グラスに氷を入れて①を注ぎ、炭酸水をゆっくり注ぐ。

【POINT】
グラスの一番上に大きな氷が来るようにし、その上にのせるとアイスが炭酸水に溶けにくくなります。

⑤
カットしたアイス部分をスプーンで③の上にのせる。

【POINT】
マドラーは少し持ち上げるようにしながら動かして混ぜると、きれいに仕上がります。

③
シロップが混ざりきらないようにマドラーでそっと混ぜ、グラデーションを作る。

CHAPTER 2 Soda Drink

イチゴのソーダ

シンプルな材料で華やかに。
素材そのものを味わうドリンクです。
氷を押し上げるように、
イチゴが上へ上へと浮いてきて、
時間の経過も楽しめます。

RECIPE
／グラス1杯分

材料

イチゴ…5個　氷…適量　サイダー…200ml

レシピの主な流れ

イチゴを切り、グラスに入れる（①）。
▼
グラスに氷を入れ、サイダーを注ぐ（②）。
▼
切り込みを入れたイチゴを
グラスに添える（③④）。

作り方

①
イチゴ4個を角切りにしてグラスに入れる。

③
イチゴ1個に切り込みを入れる。

②
グラスに氷を入れ、サイダーを注ぐ。

[POINT]
イチゴの上に氷を入れることで、イチゴが浮かんでくるのを押さえます。

④
③をグラスの縁に添える。

マーマレードと
レモンのソーダ

秋のある日、ふと作ってみたくなったソーダ。
鮮やかな色合いは秋の夕陽や紅葉をも思わせます。
浮かぶレモンがイチョウのようで、季節を感じさせる一品に。

CHAPTER 2 | Soda Drink

RECIPE / グラス1杯分

材料

レモン…1/4個
マーマレードジャム…大さじ2
氷…適量
炭酸水…200ml

レシピの主な流れ

レモンの下準備をする(①)。
▼
グラスにマーマレードジャムを入れる(②)。
▼
グラスに氷、スライスしたレモンを加え、炭酸水を注ぐ(③)。

作り方

① レモンは厚めにスライスし、半分に切る。

【POINT】
マーマレードジャムは、ゆずジャムでも代用できます。

② グラスにマーマレードジャムを入れる。

③ 氷、スライスしたレモンを加えて、炭酸水を注ぐ。

- 73 -

ライムとミントの爽やかソーダ

透き通る氷と、涼やかなグリーンの色合い。
心も体も浄化してくれるような
お気に入りの1杯です。
甘味のない炭酸水で作っても
おいしいです。

CHAPTER 2 　Soda Drink

RECIPE / グラス2杯分

材料

ライム…1/2個
　→スライスしておく
氷…適量
ミント…適量
サイダー…500ml

レシピの主な流れ

ライムの下準備をする(①)。
▼
グラスに氷、ライム、ミントを入れ、サイダーを注ぐ(②)。
▼
切り込みを入れたライムをグラスに添える(③)。

作り方

① スライスしたライム1枚を飾り用に半分に切り、切り込みを入れておく。

[POINT] ライムとミントをグラスの側面に、それを固定するように中央に氷を詰めていくと、きれいに仕上がります。

② グラスに氷、残りのライム、ミントを入れ、サイダーを注ぐ。

③ ①の切り込みを入れたライムをグラスの縁に添える。

CHAPTER 2 | Soda Drink

花咲くアメジストの
ソーダ

アメジストの上に花が咲いたような幻想的なソーダ。
シロップの甘さと、エディブルフラワーの
スッキリさを感じる1杯になりました。

RECIPE
グラス1杯分

材料

みぞれシロップ…20～30ml
食用色素（紫）…適量
氷…適量
炭酸水…200ml
レモン汁…レモン1/8個分
エディブルフラワー…適量

レシピの主な流れ

みぞれシロップに色を付ける（①）。
▼
グラスに氷、みぞれシロップを入れ、炭酸水を注ぐ（②）。
▼
レモン汁を加え、マドラーでグラデーションを作る（③）。
▼
エディブルフラワーを浮かべる（④）。

作り方

【POINT】
マドラーは少し持ち上げるようにしながら動かして混ぜると、きれいなグラデーションに。

① ボウルにみぞれシロップを入れ、食用色素で色を付ける。

③ レモン汁を加え、シロップが混ざりきらないようにマドラーでそっと混ぜ、グラデーションを作る。

② グラスに氷を入れて①を注ぎ、炭酸水をゆっくり注ぐ。

④ エディブルフラワーを浮かべる。

CHAPTER 2　Soda Drink

- 79 -

ベアグミの
梅酒漬けソーダ

かわいい"酔っぱらいベアグミ"が入った
ひと味違う梅酒のソーダ割りです。

RECIPE / グラス1杯分

材料

ベアグミ…80g
漬け用梅酒…300ml ｝※作りやすい分量
氷…適量　炭酸水…200ml

作り方

① 保存容器にベアグミ、漬け用梅酒を入れ、1〜3日ほど漬ける。

[POINT]
氷、ベアグミ、漬け用梅酒の順に入れると、きれいなグラデーションができます。

② グラスに氷、①のベアグミ、漬け用梅酒をそれぞれ適量入れ、炭酸水を注ぐ。

にくきゅうグミの
シロップ漬け

楽しい形のにくきゅうグミをグラスの中に。
漬けたグミはぷにぷにの食感で、ゼリーのよう。

RECIPE / グラス1杯分

材料

にくきゅうグミ…2袋(約42g)
みぞれシロップ…300ml　※作りやすい分量
氷…適量　サイダー…200ml

作り方

[POINT] 膨らみが悪ければ、水を少し足します。

① 保存容器ににくきゅうグミ、みぞれシロップを入れ、1〜3日ほど漬ける。

② グラスに氷、①のにくきゅうグミをそれぞれ適量入れ、サイダーを注ぐ。

Column・漬けグミの楽しみ方

" 漬けるだけで形も食感も変わるのが楽しくて。
グラスの中に浮かぶ様子もかわいいです "

グミが水分で膨らむのは知っていて、「ただ食べるだけでなくアレンジしてみよう」とレシピを思いついたのが、「ベアグミの梅酒漬けソーダ」(P80)や「にくきゅうグミのシロップ漬けソーダ」(P81)といった"漬けグミ"のドリンクです。1〜3日ほど漬けるとグミが水分で膨らんで形はひと回り大きく、食感はゼリーのようにぷるぷるに！ いろいろなグミで作れるのも楽しくて、かわいい形のグミを見つけると、つい買ってしまいます。個人的にはベアグミのラズベリー味が好きです。

漬ける時のポイントは、グミが重なると、くっついたり膨らまなかったりするので、漬ける前に間隔を空けて並べること。そして、梅酒や赤ワインなど色の濃いものに漬ける時は、グミが濃い色に染まってしまうので少し水で薄めること。こうするとカラフルなグミの色をキープできます。

コーラ味のグミ＋ラム酒、さくらんぼ味のグミ＋さくらんぼシロップのサイダーなど、挑戦してみたい組み合わせはたくさんあります。お酒に漬けると、ほんのり飲んだ気分を味わえるのも楽しいですね。

CHAPTER

3

Jelly Punch

ゼリーポンチ

「食べたい」と「飲みたい」を合わせた、欲張りな1杯。
ゼリーの色と味が、時間と共にサイダーや炭酸水に移って
ひと口ごとに変化を楽しめます。
泡の中に浮かぶ、ゼリーの透き通った色合いは、
光の当たり方で異なる表情を見せてくれます。

ゼリーポンチを作る前に

ゼリーポンチを作る時にマストなのは、グラス、製氷器、ゼリーを固める容器の3点。
ゼラチンを溶かす小鍋とへら、計量器も用意を (P8参照)。

道具

❶ グラス
縦長形のほか、ゼリーがたっぷり入る口広の形もおすすめです。

❷ 丸型製氷器
水玉のゼリーや九龍球を作る時の必需品。シリコン製でもOKです。

❸ 耐熱容器
ゼリー液を入れる時などに使用。2つあると色違いの着色にも便利。

素材

板ゼラチン
キューブ形のゼリーを作る時に使用。水でふやかしてから使います。

食用色素
キューブゼリー液の着色に使用。液状のものを少量だけ使います。

粉末寒天
丸形ゼリーに。ある程度弾力があり、製氷器から外れやすいのが特徴。

砂糖
色がついたゼリーポンチには、グラニュー糖でなく通常の砂糖でOK。

サイダー
甘味のある炭酸飲料。甘さの少ないゼリーなどに合わせます。

炭酸水
甘味料が入っていない、甘くないもの。甘味のあるゼリーと好相性。

氷
市販のロックアイスを使用すると、透明感が増しておすすめ。

ゼリーポンチの基本的な作り方

最初にゼリーや寒天を作ります。固めるのに少し時間がかかるので、先に作っておきます。あとはグラスにサイダーか炭酸水を注いでできあがり！

ゼリー液を作る。小鍋に水と砂糖、板ゼラチン（粉末寒天）を入れ、加熱する。

ゼリー液を型で冷やし固め、キューブ形、丸形などレシピに沿ったゼリーを作っておく。

板ゼラチンを使ったゼリー液の場合は小鍋を氷水につけ、寒天を使った場合はそのまま粗熱をとる。着色が必要な場合は食用色素で色を付ける。

グラスにゼリーと氷を入れ、サイダー、または炭酸水を注ぐ。

透き通る青の
キューブゼリーポンチ

2色のキューブゼリーは、まるでステンドグラスのよう。
作るたびに青い色の濃淡を楽しめる、
好きな色だけを詰め込んだゼリーポンチです。

CHAPTER 3 | Jelly Punch

RECIPE / グラス1杯分

材料

[ゼリー液]
A ┌ 水…200ml
　└ 砂糖…30g
板ゼラチン…5g
　→水でふやかしておく
　　（P12参照）
食用色素(青)…適量

氷…適量
サイダー…150ml

レシピの主な流れ

ゼリー液を作る(①)。
▼
ゼリー液に2色の色を付け、冷やし固める(②)。
▼
ゼリーをカットする(③)。
▼
グラスにゼリーと氷を入れ、サイダーを注ぐ(④)。

作り方

① [ゼリー液]を作る。小鍋にAを入れて沸騰直前まで加熱したら、火を止めて板ゼラチンを加え、混ぜながらよく溶かす。溶けたら小鍋を氷水につけて粗熱をとる。

③ 耐熱容器から取り出し、キューブ状にカットする。

② 耐熱容器を2つ用意し、それぞれにゼリー液を流し込み、食用色素で1つは水色、1つは青色になるように色を付け、冷蔵庫で冷やし固める。

[POINT] キューブゼリーと氷を交互に重ねるように入れると、バランスよくきれいに作れます。

④ グラスに③と氷を入れ、サイダーを注ぐ。

水玉ゼリーポンチ

「絵に描いたような水玉のドリンクを作ってみたい」。
そう思って作ったことがきっかけに。
弾ける雨粒をグラスに閉じ込めたような1杯です。

CHAPTER 3 | Jelly Punch

RECIPE / グラス1杯分

材料

[寒天ゼリー液]（丸型製氷器1台分）
A ┌ 水…200ml
　├ グラニュー糖…40g
　└ 粉末寒天…3g
食用色素（青）…適量

サイダー…150ml

レシピの主な流れ

寒天ゼリー液を作る（①）。
▼
寒天ゼリー液に色を付ける（②）。
▼
寒天ゼリー液を型に流し込み、冷やし固める（③）。
▼
グラスに寒天ゼリーを入れ、サイダーを注ぐ（④）。

> 作り方

CHAPTER 3 | Jelly Punch

①
[寒天ゼリー液]を作る。小鍋にAを入れて加熱し、混ぜながらよく溶かす。

④
丸型製氷器から寒天ゼリーを取り出してグラスに入れ、サイダーを注ぐ。

[POINT]
寒天ゼリー液はどんどん固まってくるので、粗熱をとる前に手早く着色します。

②
粗熱をとる前に食用色素で色を付ける。

③
丸型製氷器に流し込み、冷蔵庫で冷やし固める。

透き通る赤の
キューブゼリーポンチ

「透き通る青のキューブゼリーポンチ」の赤バージョン。
グラスに詰めた2色のキューブゼリーが
ステンドグラスのようにキラキラと輝きます。

RECIPE
／グラス1杯分

材料

[ゼリー液]
A ｜ 水…200ml
　｜ 砂糖…30g
板ゼラチン…5g
　→水でふやかしておく（P12参照）
イチゴシロップ…適量　食用色素（赤）…適量

氷…適量　サイダー…150ml

レシピの主な流れ

ゼリー液を作る（①）。
▼
ゼリー液に2色の色を付け、冷やし固める（②）。
▼
ゼリーをカットする（③）。
▼
グラスにゼリーと氷を入れ、サイダーを注ぐ（④）。

作り方

① [ゼリー液]を作る。小鍋にAを入れて沸騰直前まで加熱したら、火を止めて板ゼラチンを加え、混ぜながらよく溶かす。溶けたら小鍋を氷水につけて粗熱をとる。

③ 耐熱容器から取り出し、キューブ状にカットする。

② 耐熱容器を2つ用意し、それぞれにゼリー液を流し込み、イチゴシロップと食用色素で1つは薄いピンク色、1つは赤色になるように色を付け、冷蔵庫で冷やし固める。

【POINT】
キューブゼリーと氷を交互に重ねるように入れると、バランスよくきれいに作れます。

④ グラスに③と氷を入れ、サイダーを注ぐ。

夕焼けゼリーポンチ

ひと口サイズの夕焼けがいっぱい
詰まっているようなゼリーポンチ。
時間も手間もかかりません。
あっという間にいろんな夕焼けの景色が作れそう。

CHAPTER 3 ｜ Jelly Punch

RECIPE / グラス1杯分

材料

オレンジのフルーツゼリー
（市販のひと口サイズのもの）…適量
桃のフルーツゼリー
（市販のひと口サイズのもの）…適量
　→ゼリーは2種類とも冷やしておく
炭酸水…150ml
スライスレモン（半月形）…1枚

レシピの主な流れ

グラスにゼリーを入れる（①）。
▼
炭酸水を注ぐ（②）。
▼
スライスレモンをグラスに添える（③）。

作り方

①
グラスに2種類のフルーツゼリーを入れる。

②
炭酸水を注ぐ。

③
スライスレモンに切り込みを入れ、グラスの縁に添える。

九龍球のゼリーポンチ

「九龍球」とは、香港発祥の寒天デザートのこと。
フルーツを閉じ込めた丸い形は、まるでビー玉のよう。
フルーツの甘さと爽やかなサイダーがよく合います。

RECIPE
グラス1杯分

材料

ミックスベリー…適量
パイナップル…適量　キウイ…適量

［**寒天ゼリー液**］（丸型製氷器1台分）
A ┌ 水…200ml
　│ 砂糖…30g
　└ 粉末寒天…3g

サイダー…200ml

レシピの主な流れ

フルーツをカットし、製氷器に入れる（①）。
▼
寒天ゼリー液を作る（②）。
▼
寒天ゼリー液を製氷器に流し込み、冷やし固める（③）。
▼
グラスに寒天ゼリーを入れ、サイダーを注ぐ（④）。

作り方

① ミックスベリー、パイナップル、キウイは丸型製氷器の大きさに合わせてカットし、1つずつ入れる。

③ ②を丸型製氷器に流し込み、冷蔵庫で冷やし固める。

【POINT】ゼリー液が熱いままだとキウイの色が抜けてしまうので、粗熱はしっかりとって。

② ［寒天ゼリー液］を作る。小鍋にAを入れて加熱し、混ぜながらよく溶かす。溶けたら粗熱をとる。

【POINT】製氷器からゼリーを取り出す時、つま楊枝や竹串でそっと外すと、うまくいきます。

④ 丸型製氷器からゼリーを取り出してグラスに入れ、サイダーを注ぐ。

Column・レシピができるまで

" 日常の中にある自然や季節を
透明なレシピに閉じ込めています "

　レシピを考える時は、最初に完成した形を頭の中でイメージすることが多いです。それに近づけるように、使う素材や色などを考えていきます。ヒントをくれるのは日常の生活。春の桜を表現した「桜の水信玄餅」(P22)、アジサイをイメージした「透き通る青のゼリーケーキ」(P42)、夕焼けを表した「夕焼けゼリーポンチ」(P96)など、春夏秋冬のほか、空や花といった自然のものからインスパイアされることが多いです。

　どのレシピも大事にしているのは、味と透明感の両立。これが難しいんです。1度で完成することもあれば、何度も何度も試作を重ねることも。固める時にイチゴが浮いてしまったり、2層のゼリーの1層目が硬く固まりすぎて、2層目のゼリーがはがれてしまったり、失敗も数知れません。砂糖の配合を10gずつ変えたり、ゼラチンも粉、板と種類を変えたりしながら、時には友人や家族に試食してもらって完成させています。

　そうしてできあがったレシピは、私にとってキラキラと透明に輝く宝物のような存在。食べればなくなってしまいますが、その儚さがまたいいのです。

CHAPTER

4

Kohakuto

琥珀糖

「食べる宝石」とも言われる、美しい琥珀糖。
色を変えたり、カットを変えたり、手でちぎったり。
着色も成形もアレンジ自在で、その色と形は世界にたった1つです。
乾燥させる日数によって変わる食感を楽しむのも醍醐味。
日持ちもするので、透明な瓶や箱に詰めてギフトにしても。

琥珀糖を作る前に

道具

❶ガラスバット
寒天液を流し込む時、容器の代用に。
22cm角のものを使っています。

❷ボウル
糸寒天を水に浸す時に。
においが付きにくいガラス製がおすすめです。

❸耐熱容器
寒天液を流し込んで、着色する時に使用。
浅いものでも大丈夫です。

❹小鍋
水とふやかした糸寒天、グラニュー糖を加熱する時に使います。

❺つま楊枝
寒天液の着色に使用。
先端に少量の食用色素を付けて色を付けます。

❻へら
寒天液を混ぜる時に。素材が付きにくい
シリコンゴム製が便利です。

❼スプーン
素材を混ぜる時に使用。食事用のものでもOKです。

❽計量カップ
糸寒天を溶かす水を量る時に使用。
500ml程度のものが使いやすいです。

❾クッキングシート
固まった寒天ゼリーが外れやすいように、
容器に敷いておきます。

❿計量器
糸寒天とグラニュー糖を量ります。
1g単位で量れるデジタル式が使いやすいです。

琥珀糖のベースは寒天ゼリー。基本のゼリー液に必要な道具と材料があれば、すぐに作れます。着色に使う食用色素とつま楊枝は欠かせないアイテムです。

CHAPTER 4　Kohakuto

素材

❶ グラニュー糖
琥珀糖は透明感を重視したいので、完成した時に砂糖よりも透明度が高くなるグラニュー糖を使います。加熱する時は焦げやすいので注意しましょう。

❷ 糸寒天
粉末寒天に比べて、できあがった時の透明度が高い糸寒天を使います。繊細な口当たりも楽しめます。水でよくふやかしてから使いましょう。

❸ 食用色素
寒天液の着色の必需品。ソーダドリンクやゼリーポンチと同じく、液状のものを使います。琥珀糖には赤、青、紫、緑などをそろえておくと重宝。

水晶のような琥珀糖

琥珀糖の基本レシピです。透き通ったその姿は、まるで本物の宝石のよう。
日に日に乾燥してゆく経過も楽しめます。

RECIPE / 作りやすい分量

材料

糸寒天…5g
水…200ml
グラニュー糖…300g

レシピの主な流れ

糸寒天を水で戻す(①)。
▼
耐熱容器にクッキングシートを敷く(②)。
▼
寒天ゼリー液を作る(③)。
▼
寒天ゼリー液を容器に流し込み、
冷やし固める(④)。
▼
寒天ゼリーをカットし、
数日乾燥させる(⑤)。

> 作り方

① ボウルに糸寒天とたっぷりの水(分量外)を入れ、20〜30分浸し、水を切っておく。

【POINT】寒天液はどんどん固まってくるので、食用色素で着色する場合は流し込む前に小鍋の中で行います。

④ 耐熱容器に③を流し込み、冷蔵庫で冷やし固める。

② 耐熱容器にクッキングシートを敷いておく。

【POINT】カットは、包丁でも手でちぎっても OK。乾燥は1日〜1週間ほどが目安です。

⑤ 耐熱容器から取り出し、好きな形にカットして、好みの硬さになるまで数日乾燥させる。

【POINT】加熱しすぎるとグラニュー糖が焦げて茶色くなってしまうので注意。

③ 小鍋に水と①を入れて加熱し、混ぜながらよく溶かす。グラニュー糖を入れ、とろみが出るまで煮詰める。

琥珀糖のアレンジ

琥珀糖は、好きな色にアレンジするのも楽しみ。
基本の材料と作り方は「水晶のような琥珀糖」(P104)と同じで、冷やし固める前に食用色素で色を付けます。

赤の食用色素で
ルビーの琥珀糖

青の食用色素で
アクアマリンの琥珀糖

緑の食用色素で
エメラルドの琥珀糖

紫の食用色素で
アメジストの琥珀糖

Column・写真の撮り方

" 透明感を最大限に表現するために
背景はシンプルに、自然光で撮影しています "

透明スイーツが完成すると、写真に撮って発信しています。使っているカメラはその時によってさまざまで、特に決まったメーカーや機種などはありません。

透明スイーツの最大の魅力は、なんといっても透明感。それを引き出すため、撮影する時に気を付けている基本が2つあります。

【基本1】器はもちろんですが、周囲や背景も極力シンプルにすること。白や薄いグレーの背景やテーブルで撮影するようにしています。

【基本2】フラッシュは使わずに自然光で撮影すること。太陽の光が入る窓辺などで撮ると、お天気や時間帯によっては影の濃淡が入ったりして、ニュアンスのある写真になります。ゼリーケーキなどは横から光が差し込むように窓際に置くと、ひと味違う透明感のある写真になります。

この2つの基本をおさえたら、次は少しアレンジして撮影してみます。

【アレンジ1】逆光の利用（写真Ⓐ）
逆光というと被写体が真っ暗になって

しまうイメージがありますが、透明スイーツの場合は、後ろから光が差し込むように撮影すると、透明感が際立ちます。グラスに入れたドリンクなどを撮るときにもおすすめです。

【アレンジ2】角度の変化（写真Ⓑ）
料理やスイーツを撮影するときは斜め上から撮ることが多いと思いますが、さまざまな角度から撮ってバリエーションをつけると、変化のある1枚になります。例えば、真上から。高さのあるものなら、真横から。一部分に寄って撮るのもおもしろいですね。

【アレンジ3】動きを出す（写真Ⓒ）
完成品の全景を撮るだけでなく、スプーンですくったりして動きを出すのも、私がよく試すひと工夫です。ゼリーケーキの端をスプーンで少し崩して、食べかけのように見せるのも、楽しい変化が生まれます。

基本とアレンジをおさえておけば、カメラは一眼レフでなくても大丈夫。スマホのカメラなど身近なカメラでいつもとは違う1枚が撮れると思うので、ぜひ挑戦してみてください。

スイーツを作ったり、写真集のように見たり飾ったり、
いろいろな楽しみ方ができる1冊になったら……
と、思いを込めながら作りました。

「透明」な水のように、
さりげなく人々の生活に寄り添い、
色や形は変わっても、なくてはならないもの。
自分も、この1冊もそんな存在になれたら、
と願っています。

おわりに　　将来の夢は、「透明」の博物館を作ること。
今回のスイーツのほかにも、
インテリアデザインや建築などさまざまなジャンルで
「透明」を軸に発信していきたいと考えています。

この本を通して「透明」の世界に触れ合って、
博物館のように楽しんでいただけたら、
こんなにうれしいことはありません。

手に取る瞬間も、読んでいる間も、
読み終わったその先も、
「透明」がみなさんに寄り添う存在でありますように。

世界一美しい 透明スイーツレシピ

2020年8月19日　初版発行

著者	tomei/ 透明愛好家
発行者	青柳 昌行
発行	株式会社KADOKAWA
	〒102-8177 東京都千代田区富士見2-13-3
電話	0570-002-301(ナビダイヤル)
印刷所	大日本印刷株式会社

本書の無断複製(コピー、スキャン、デジタル化等)並びに無断複製物の譲渡及び配信は、著作権法上での例外を除き禁じられています。また、本書を代行業者などの第三者に依頼して複製する行為は、たとえ個人や家庭内での利用であっても一切認められておりません。

●お問い合わせ　https://www.kadokawa.co.jp/(「お問い合わせ」へお進みください)

※内容によっては、お答えできない場合があります。
※サポートは日本国内のみとさせていただきます。
※Japanese text only

定価はカバーに表示してあります。

© tomei 2020 Printed in Japan
ISBN 978-4-04-896843-0　C0077